Die in diesem Heft zusammengestellten Materialien zeigen historische Beispiele für die Wirkmächtigkeit rassistischer Theorie und Praxis. Schülerinnen und Schüler sollen auf diese Weise Einblicke in die Genese und Funktionsweise rassistischer Ideologien sowie Erklärungsansätze für deren Ursachen erhalten. Nur der Blick in die Vergangenheit hilft, die Hartnäckigkeit von Rassismus zu reflektieren und dessen Vielschichtigkeit zu erkennen.

Eine Herausforderung für den Umgang der Thematik im Geschichtsunterricht ergibt sich sicherlich dadurch, dass Rassismus als Konstante in der Geschichte erkennbar wird. Hierdurch können Gefühle der Ernüchterung und der Resignation hervorgerufen werden. Nicht anders verhält es sich bei längsschnittartigen Unterrichtsreihen, die Kriege, Genozide oder Diktaturen in den Fokus rücken, deren Konstanz sich genauso wenig leugnen ließe wie jene von rassistischen Vorstellungen und Verhaltensweisen. Im vorliegenden Heft finden sich daher auch Materialien, die Positivbeispiele im Kampf um Gleichberechtigung darstellen (vgl. Modul 1) und anhand derer sich vergangene wie zukünftige Handlungsoptionen beurteilen und diskutieren lassen.

Bewusst wird in diesem Heft nicht von Rassis*men* gesprochen. Zwar verfolgt das vorgelegte Unterrichtskonzept das Anliegen, verschiedene Formen, Akteure und Schauplätze zu unterschiedlichen Zeiten zu integrieren. Für eine differenzierte Betrachtung des Phänomens ist folglich durch ein Spektrum an Inhalten, Materialien und Sichtweisen eine Grundlage geschaffen. Moralisierungen, Gewichtungen oder Hierarchisierungen sollen aber vermieden werden. Auch daher rührt die Entscheidung für den inklusiven Singular. Ziel des Heftes ist die Dekonstruktion eines Phänomens, welches im 21. Jahrhundert genauso aktuell ist wie im 19. Jahrhundert, welches nach wie vor der Rechtfertigung von Ungleichbehandlung, Verfolgung und Mord dient. Eine Ausdifferenzierung in „Rassismen" erscheint weder zielführend noch entspricht sie einem inklusiven Menschenbild.

Eine zweite Herausforderung stellt die Problematik der Reproduktion rassistischer Stereotype durch die Auswahl der Materialien dar. Dem wurde besonders bei der Auswahl des verwendeten Bildmaterials dahingehend versucht zu begegnen, dass auf plakative bildliche Darstellungen aus beispielsweise Werbung und Comics verzichtet wurde. Für die Analyse von Bildquellen wurde folglich eher Material berücksichtigt, welches zum Teil auf den ersten Blick „harmlos" erscheinen mag. Das darin liegende Potential für den Ausbau historischer Fragekompetenz und entsprechender Erschließungsstrategien wird hoffentlich durch die Arbeitsaufträge und Anmerkungen deutlich. So soll der Blick für Details und Subtilitäten geschärft, ein sich Einbrennen propagandistischer, rassistischer Symbolik vermieden werden. Kein gesonderter Arbeitsauftrag ist für Formen von exotizierendem Rassismus, der durchaus als plakativ bezeichnet werden kann, vorgesehen. Wer für diesen Aspekt sensibilisieren möchte, könnte die Schülerinnen und Schüler über eine Analyse der Wandfigur oberhalb der Apotheke in Schmalkalden (vgl. S. 13) oder über die Touristinformation Weißenberg (vgl. S. 21) auf eine Suche nach weiteren Beispielen schicken, die sie ihren Mitschülerinnen und Mitschülern dann in kommentierter Form vorstellen könnten.

Kapitel 4 kann als bilinguale Einheit im Fachunterricht in der Fremdsprache verwendet werden. Die Arbeitsaufträge sind von der Wortwahl aber auch so einfach gehalten, dass sie von Schülerinnen und Schülern in einem ansonsten in deutscher Sprache angeleiteten Geschichtsunterricht bearbeitet werden können. Auch beim Textumfang der Materialien wurde darauf geachtet, dass sie – ggf. arbeitsteilig – in den regulären Geschichtsunterricht integriert werden können.

Zur Förderung der mit dem Fach Geschichte verfolgten Demokratiekompetenz sind in Modul 3 Materialien zusammengestellt, die es den Schülerinnen und Schülern ermöglichen, aktuelle Kontroversen um einen adäquaten Umgang mit dem von Rassismus geprägten kolonialen Erbe nachzuvollziehen. So werden sie hoffentlich dazu angeregt, sich nicht nur an den in den Arbeitsaufträgen angeregten Diskussionen, sondern darüber hinaus am gesellschaftlichen Diskurs zu beteiligen.

Obgleich sich die Materialien dieses Heftes eher für den Unterricht in der Sekundarstufe II eignen, werden in den ersten beiden Kapiteln Möglichkeiten des Einsatzes in der Sekundarstufe I ausgewiesen. Dies wird entweder durch unterschiedliche Arbeitsaufträge zu ein und demselben Material deutlich gemacht (*Beispiel S. 4: Sek. I: Gib die in M4 geschilderten Formen von Rassismus in eigenen Worten wieder. Sek. II: Erarbeiten Sie die Kernaussagen der Autoren Mohammad Sarhangi und Theo Thiesmeier (M4).*) oder dadurch, dass in ein und demselben Arbeitsauftrag sowohl jüngere als auch ältere Schülerinnen und Schüler angesprochen werden (*Beispiel S. 7: Arbeite/Arbeiten Sie aus der Karte die Machtverhältnisse der europäischen Kolonialmächte in Afrika zur Zeit des Imperialismus heraus.*)

M1 Theophilius Wonja Michael mit Martha, geb. Wegener, Berlin, um 1915

Privatarchiv Familie Wonja Michael

1 Beschreiben Sie das auf der Fotografie M1 abgebildete Paar.

2 Formulieren Sie Fragen an diese Bildquelle. (Vergleichen Sie Ihre Fragen mit denen Ihrer Mitschülerinnen und Mitschüler.)

copy

M2   Weiße Mutter, Schwarzer Vater

1 *Theodor Michael (1925–2019), der Autor des folgen-*
den Textes, ist der Sohn des in M1 abgebildeten Ehe-
paares.

Meine Mutter stammte aus einem kleinen Dorf
5 Jersitz nahe der Provinzstadt Posen, aus einer Familie von preußischen Handwerkern und Kleinbauern.
Es muss schon eine kleine Revolution gewesen sein,
dass sie 1910, 25-jährig, nach Berlin [...] aufbrach. Und
dort traf sie schließlich ausgerechnet meinen Vater,
10 der aus einem ganz anderen Teil der Welt stammte.
Mehr weiß ich darüber nicht. Als Kind hatte es mich
nicht weiter interessiert. Später hätte ich gerne mehr
erfahren, aber da waren beide Eltern schon tot. Meine Verwandten mütterlicherseits halfen mir auch nicht
15 weiter. Sie verstummten jedes Mal, wenn die Rede auf
meinen Vater kam. Er war, so lange ich denken kann,
ein Tabuthema in der Familie meiner Mutter.

[...] Mein Vater Theophilius Wonja Michael wurde,
so steht es im Familienstammbuch, am 14. Oktober
20 1879, vor Beginn der deutschen Kolonialherrschaft, in

Theodor Wonja Michael (Julia Dittmann, CC BY-SA 4.0)

Victoria, im Bimbialand, an der Atlantikküste Kameruns geboren. [...] Über den genauen Zeitpunkt, zu dem mein Vater nach
Berlin kam, herrscht Unklarheit. Der Familienüberlieferung nach war das schon 1896, aber gesichert ist seine Anwesenheit
erst ab 1903. Vorher, so die Familienüberlieferung, sollte er auf einer christlichen Missionsschule in England zum Priester
ausgebildet werden. Er aber flüchtete von dort und ging nach Deutschland. Das war ihm möglich, weil er als Einwohner der
25 deutschen „Schutzgebiete" einen entsprechenden Ausweis hatte.

Mit seiner ersten deutschen Frau, [meiner Mutter] Martha, hatte er vier Kinder. [...] Sie starb 1926, ein Jahr nach meiner Geburt. [Mein Vater] musste schließlich vier Kinder ernähren. Und so kam er mit seinem Anhang in der Völkerschau des
Zirkus Holzmüller unter, der mit einer bunten Schar exotisch aussehender Musiker, Tänzer und Artisten durch Deutschland
tingelte. Jeder Vier-Masten-Zirkus, der etwas auf sich hielt, schaffte sich damals eine Völkerschau an. Sie sprossen wie Pilze
30 aus dem Boden. Personal dafür gab es genügend. Für die deutschen Afrikaner war dies neben der Komparserie beim Stumm-
film eine der wenigen Verdienstmöglichkeiten, da ihnen ja bürgerliche Berufe verschlossen blieben. In diesen Völkerschau-
en sollten wir das sein, was sich Menschen in Europa damals unter „Afrikanern" vorstellten, ungebildete, mit Baströckchen
bekleidete, „kulturlose Wilde".

[...] Irgendwann, es dürfte noch im Jahr 1929 gewesen sein, setzte das Jugendamt [...] diesem Herumziehen meines Va-
35 ters mit seinen Kindern ein Ende. [...] die Familie [wurde] auseinandergerissen, die Kinder wurden verteilt. Zu Pflegeeltern.

1934 starb mein Vater im Alter von 55 Jahren.

Michael, Theodor: Deutsch sein und Schwarz dazu. Erinnerungen eines Afro-Deutschen, München 2013, S. 9, 12, 15 f., 19 f., 34

1 Prüfen Sie,
   a) welche Ihrer Fragen an die Bildquelle M1 Sie mit Hilfe der Aufzeichnungen Theodor Michaels direkt beantworten
      können,
   b) für die Beantwortung welcher Fragen M1 zumindest Hinweise zur weiteren Recherche gibt und
   c) welche Fragen sich mit den Aussagen des Sohnes nicht beantworten lassen.

2 Diskutieren Sie, welche Wege der Informationsbeschaffung Historiker*innen im Fall c) noch beschreiten könnten.

3 Setzen Sie sich kritisch mit dem Begriff „Schutzgebiete" (Z. 12) auseinander.

4 Finden Sie Gründe dafür, weshalb Völkerschauen „wie Pilze aus dem Boden sprossen" (Z. 16 f.).

copy

M3a Ehepaar, um 1915

Privatarchiv Familie Wonja Michael

M3b Ehepaar, um 2020

© Stephen Coburn/Adobe Stock

M4 Nein zu Rassismus, aber wie?

1 Rassismus behandelt Menschen nicht als Individuen, sondern als Angehörige einer Gruppe. Rassistisches Denken und Handeln unterstellt, dass sich aus dieser vermeintlichen Gruppenzugehörigkeit unveränderliche Eigenschaften, Fähigkeiten oder Charakterzüge ableiteten. Die eigene Gruppe wird dabei meist als höherwertig begriffen. Rassismus ist bequem: Die unübersichtlicher werdende Welt lässt sich so in ein einfach erscheinendes Ordnungsschema einfügen – und sich selbst auf der Gewinnerseite wähnen.

5

    Solche rassistischen Vorannahmen sind tief im kollektiven Wissen und Empfinden verankert. Unbewusst oder unausgesprochen gehören sie zum Regelwerk einer gesellschaftlichen Ordnung, die über Menschen in unserem Land bestimmt: durch verletzende Alltagserfahrungen, aber auch durch erschwerte Berufs- und Karrierewege. Wie kann es gelingen, derartige diskriminierende Strukturen abzubauen? Wie können wir die Teilhabe an unserer Gesellschaft für alle ermöglichen?

10 Wie ließen sich Spielregeln für ein Zusammenleben gemeinsam festlegen? Wie könnte ein neues Leitbild aussehen?

Wernsing, Susanne/Geulen, Christian/Vogel, Klaus (Hg.): Rassismus. Die Erfindung von Menschenrassen. 2018 Stiftung Deutsches Hygiene-Museum, zit. nach: Sonderausgabe für die Bundeszentrale für politische Bildung, Bonn 2021, S. 152 f.

1. Vergleichen Sie die beiden Fotografien M3a und M3b miteinander, indem Sie Gemeinsamkeiten und Unterschiede benennen. Achten Sie darauf, was Ihnen zuerst aufgefallen ist, und suchen Sie nach Gründen für Ihre Wahrnehmung.

2. Nehmen Sie sich die Fragen, die Sie bereits zur Bildquelle M1/M3a formuliert hatten, noch einmal vor und prüfen Sie, welche der Fragen Sie gleichermaßen zur Bildquelle M3b formuliert hätten. Gibt es Fragen, die Sie zur Bildquelle M3b nicht formuliert hätten? Welche? Warum?

3. Stellen Sie bei Ihren Beobachtungen und Reflexionen Bezüge zum Thema der Unterrichtsreihe her (Rassismus, Kolonialismus und koloniales Erbe).

4. Diskutiert/Diskutieren Sie die in M4 aufgeworfenen Fragen in Gruppen.

copy

M5 Kontinuität kolonialer Denkmuster

1   Wir sprachen mit Auszubildenden und Studierenden, Sportler*innen und Sozialarbeiter*innen, Aktivist*innen und Schriftsteller*innen, Promoter*innen und Dozent*innen, Anti-Rassismus-Trainer*innen und Fachreferent*innen. Diese Menschen
legten nicht nur Zeugnis über ihre persönlichen Erfahrungen mit alltagsrassistischen Diskriminierungen und Übergriffen ab,
sondern teilten mit uns auch ihr professionelles, fundiertes Wissen. Mit ihrer Hilfe wurde uns bewusst, wie tief, weitreichend
5   und vielfältig der Alltagsrassismus in das Leben all jener Menschen eingreift, die von einem großen Teil unserer Gesellschaft
rassistisch markiert und ausgeschlossen werden. Aus ihren Berichten wurde beispielsweise deutlich, warum die von vielen
weißen Deutschen als harmlos empfundene Frage nach der „ursprünglichen" Herkunft einen Eingriff in die Privatsphäre dar-
stellt. Unsere Gesprächspartner*innen erklärten uns, dass sie diese Frage verletze, ihnen das Zugehörigkeitsempfinden neh-
me und sie zu Fremden im eigenen Land mache. Doch nicht nur auf sprachlicher Ebene wurden und werden noch immer
10   die Grenzen des Anstandes überschritten, sondern auch auf körperlicher: Schwarze Menschen erzählen uns wiederholt,
dass ihnen fremde (meist *weiße*) Menschen noch immer in die Haare fassen oder mit den Fingern über ihre Haut fahren. [...]
         Auch der strukturelle, institutionelle Rassismus ist Teil des Alltagsrassismus, beispielsweise die Benachteiligung bei der
Wohnungs- oder Jobsuche. So lag die Erwerbslosenquote bei Migrant*innen gemäß Bundesagentur für Arbeit „im Jahr 2013
mit 12,4 % in etwa doppelt so hoch wie die der einheimischen Deutschen". Abgesehen vom Arbeitsmarkt fühlen sich Mig-
15   rant*innen vor allem auf Ämtern und in Behörden benachteiligt. Darüber hinaus berichteten uns nicht*weiße* deutsche Aka-
demiker*innen, dass ihre fachliche Kompetenz im Vergleich zu ihren *weißen* Kolleg*innen viel öfter infrage oder gar ganz
in Abrede gestellt werde. Hohe fachliche Kompetenz wird noch heute mit *Weiß*sein in Verbindung gebracht. Diese Fiktion,
also die Vorstellung, dass *weiße* Menschen allen anderen überlegen seien, ist so alt wie die europäische Geistesgeschich-
te und bildet nach wie vor die Grundlage der (alltags-)rassistischen Denkweisen und Handlungen. Der alltägliche Rassismus
20   kann ohne seinen historischen Kontext, ohne seine historische Dimension nicht verstanden werden. Vor 500 Jahren erfan-
den *weiße* Europäer die Fiktion *weißer* Überlegenheit, um Kolonialismus und Sklavenhandel zu legitimieren. Um ihre große Lüge theoretisch und theologisch zu untermauern, dachten sie sich immer neue, immer raffiniertere Lügen aus. Sie ent-
wickelten Bilder, die noch heute unsere Wahrnehmungen bestimmen. In diesem Sinne ist der tägliche Rassismus nicht mehr
und nicht weniger als die Fortführung kolonialer Denkmuster. „Rassistische Ideen haben sich uns tief eingeprägt", wie der
25   US-amerikanische Historiker Ibram X. Kendi schreibt. Und es sind diese Ideen, aufgrund derer sich einige Menschen (ob nun
bewusst oder unbewusst) dazu ermächtigt fühlen, beispielsweise die oben beschriebenen Grenzen des Anstandes und des
Körpers zu überschreiten. Wir *alle* sind mit diesen Ideen aufgewachsen, haben rassistische Ideen gelernt. Und wir alle können sie auch wieder verlernen.

Sarhangi, Mohammad/Thiesmeier, Theo, in: Wernsing, Susanne/Geulen, Christian/Vogel, Klaus (Hg.): Rassismus. Die Erfindung von Menschenrassen. 2018 Stiftung Deutsches Hygiene-Museum, zit. nach: Sonderausgabe für die Bundeszentrale für politische Bildung, Bonn 2021, S. 17 f.

1   Sek. I: Gib die in M5 geschilderten Formen von Rassismus in eigenen Worten wieder.

   Sek. II: Erarbeiten Sie die Kernaussagen der Autoren Mohammad Sarhangi und Theo Thiesmeier (M5).

2   Sek. I: Auf der folgenden Seite findest du ein Quiz der Bundeszentrale für politische Bildung: https://www.bpb.de/
lernen/bewegtbild-und-politische-bildung/tv-formate/koeln-50667/193605/quiz-was-weisst-du-ueber-rassismus/

   a) (Einzelarbeit) Führe das Quiz durch.

   b) (Partner-/Gruppenarbeit) Vergleicht, bei welchen Fragen ihr unsicher bezüglich der korrekten Antwort wart
      und überlegt, welchen Grund dies gehabt haben könnte.

   c) Erarbeitet gemeinsam drei weitere Fragen mit jeweils drei Antwortmöglichkeiten. Die Materialien und Aufgaben-
      stellungen in diesem Kapitel können euch dabei helfen.

3   Schreiben Sie einen Beitrag für die Homepage Ihrer Schule zum Thema Rassismus. Nutzen Sie hierfür Ihre
Arbeitsergebnisse zu den Materialien M1–M5.

copy

M6 Zurschaustellung von Menschen

1 Es lässt sich daher argumentieren, dass die Schaustellungen „exotischer" Völker nicht nur eine Folge des Imperialismus waren, sondern eher eine seiner kulturellen Vorbedingungen, da sie die Unterlegenheit bestimmter Menschengruppen augenfällig machten und auf diese Weise deren künftige Unterwerfung legitimierten.

Tatsächlich wird man [...] feststellen, dass ab dem 19. Jahrhundert die wilden Tiere, die einigen Anspruch auf Exotik er-
5 heben konnten, und die wenigen Bewohner ferner Länder, die den westlichen Eliten zur Zerstreuung dargeboten worden waren, durch „Menschenexemplare" ersetzt wurden, die familien- oder gruppenweise eine Rasse (oder ein Volk) repräsentierten, meist in „authentischer[1]„ Umgebung oder Kulisse ausgestellt. Diese Praxis war in beinah zwölf Ländern Asiens und Europas sowie in den Vereinigten Staaten weit verbreitet und betraf ungefähr zwanzig weitere Länder in geringerem Maße [...]. Diese Praxis war damals also durchaus keine Randerscheinung. Sie war Teil der Entwicklung der Massenkultur rund um
10 die Ausweitung unterschiedlicher Kommunikationsformen wie Zeitschriften, Ausstellungen und Menschenausstellungen. Um die Wende vom 19. zum 20. Jahrhundert trugen ethnologische Ausstellungen ganz zentral zur Konstruktion eines imaginären Anderen bei. Diese Konstruktion speiste sich aus einer Verbindung von Exotismus und Rassismus und fand von Beginn an beinah allumfassende anthropologisch-wissenschaftliche Bestätigung [...].

Ab Mitte des 19. Jahrhunderts hatten die meisten Europäer, Japaner und Amerikaner bereits einmal durch Drahtzäune,
15 Gitterstäbe oder andere Barrieren gespäht, die sie von den „Wilden[2]„ trennten, und waren so erstmals mit exotischen Völkern [...] in Blickkontakt getreten. Der „Wilde", der bis dahin eine mythische Figur gewesen war, manifestierte sich nun leibhaftig vor den Augen der faszinierten oder erschauernden Westler und erkletterte in der ganzen nördlichen Hemisphäre – von Tokio bis Hamburg, von Zürich bis Paris und von London bis Chicago – in verschiedenen Verkleidungen den Gipfel seines Ruhms.

[...] Die „exotischen" Figuren, die man zunächst nur als „Wilde" konkretisiert hatte, wurden während der Periode der Ko-
20 lonisierung nach und nach „gezähmt" und hierauf – um die Errungenschaften der kolonialen „Zivilisationsmission" zu verdeutlichen – auch „zivilisiert".

Blanchard, Pascal/Bancel, Nicolas/Boeetsch, Gilles/Deroo, Eric/Lemaire, Sandrine (Hg.): Menschenzoos. Schaufenster der Unmenschlichkeit. Völkerschauen in Deutschland, Österreich, Schweiz, UK, Frankreich, Spanien, Italien, Japan, USA..., deutsche Erstausgabe 2012, S. 29 f.

[1] Eine authentische Umgebung konnte weder hergestellt werden, noch lag es im Interesse der Organisatoren, dies zu tun. Es ging vielmehr um eine Befriedigung der Erwartungen, mit denen die Zuschauer kamen. Diese waren in der Regel geprägt von Stereotypen. Erwartet wurden exotische, auch erotische Eindrücke zur Befriedigung des eigenen Voyeurismus.
[2] Vgl. Glossar S. 23

M7 Völkerschauen – eine Win-Win-Situation?

1 Die enge Zusammenarbeit zwischen den Organisatoren der Völkerschauen und der wissenschaftlichen Institute war für beide Seiten vorteilhaft. Das Interesse der Professoren lieferte den Veranstaltern eine willkommene Reklame. Dafür durften die Wissenschaftler Forschung betreiben. Sie [...] nahmen Vermessungen vor und stellten anatomische Gipsmasken her. Die angewandten Methoden versetzten die Fremden in Angst und Schrecken. Einige versuchten sich zu weigern. Über eine Frau
5 der ‚Eskimo[1]'-Truppe von 1880 berichtete der berühmte Pathologe Rudolf Virchow: „Sie sprang von der einen Ecke nach der anderen und schrie dabei in heulender Weise; ihr hässliches Gesicht sah dunkelroth aus, die Augen leuchteten, es bildete sich etwas Schaum vor dem Munde, genug, es war ein höchst widerwärtiger Anblick [...] Der Anfall dauerte wohl 8–10 Minuten".

Blanchard, Pascal/Bancel, Nicolas/Boeetsch, Gilles/Deroo, Eric/Lemaire, Sandrine (Hg.): Menschenzoos. Schaufenster der Unmenschlichkeit. Völkerschauen in Deutschland, Österreich, Schweiz, UK, Frankreich, Spanien, Italien, Japan, USA ..., deutsche Erstausgabe 2012, S. 175, bearb.

[1] Vgl. Glossar S. 23

1 Arbeiten Sie aus M1 und M2 die Kernaussagen des französischen Historikerteams heraus.

2 Reflektieren Sie den Begriff „Menschenzoo", der angeblich „Wilde" in scheinbar „authentischer" Umgebung zeigen wollte. Gehen Sie hierbei auch auf die Erwartungshaltung der Besucher ein.

M8 Die Aufteilung Afrikas zur Zeit des Imperialismus

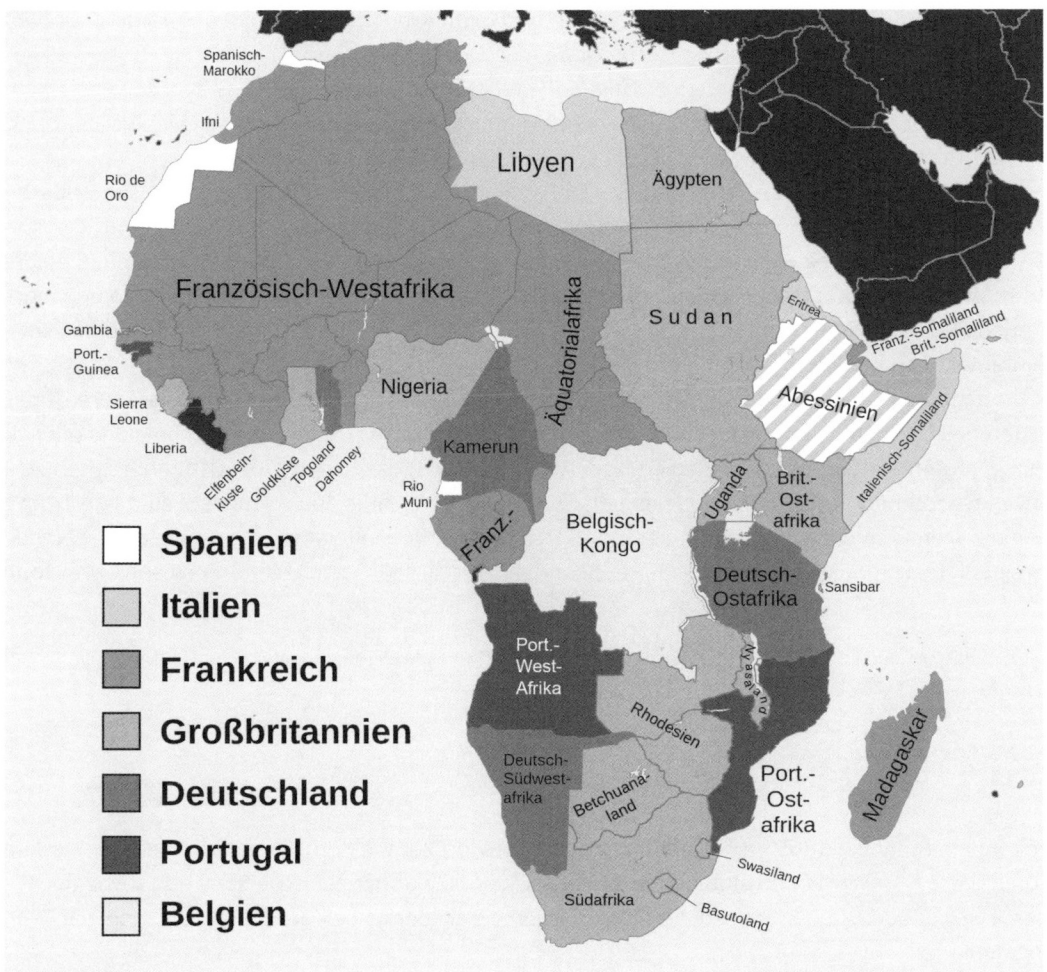

1 Arbeite/Arbeiten Sie aus der Karte die Machtverhältnisse der europäischen Kolonialmächte in Afrika zur Zeit des Imperialismus heraus.

2 Informiere Dich/Informieren Sie sich über die deutschen Kolonien in Afrika und verfasse/verfassen Sie entsprechende Steckbriefe.

z.B.:

https://www.dhm.de/lemo/kapitel/kaiserreich/aussenpolitik/statistische-angaben-zu-den-deutschen-kolonien.html

3 Versuchen Sie sich mittels Internetrecherche ein Bild darüber zu machen,

a) wie in den Ländern der ehemaligen deutschen Kolonien der Kolonialzeit gedacht/an die Kolonialzeit erinnert wird und welche Spuren geblieben sind.

b) wie die ehemalige Kolonialmacht sich ihrer historischen Verantwortung stellt.

z.B.:

https://www.sueddeutsche.de/politik/deutsche-kolonien-heikles-erbe-in-afrika-1.1939219-0#seite-2

M9 Die Sicht eines Zeitgenossen

Der folgende Textauzug stammt aus der 1897 erschienenen, von Siegfried Lichtenstaedter verfassten Streitschrift mit dem Titel „Kultur und Humanität. Völkerpsychologische und politische Untersuchungen".

1   [...] die europäischen Regierungen betrachten es in erster Linie als Ehrensache, die afrikanischen Gräuel zu vertuschen. „Skandale müssen vermieden werden", so lautet gewöhnlich die Rechtfertigung dieses Verfahrens. Soweit eine Vertuschung nicht möglich ist, wird die Rechtfertigung oder wenigstens die Entschuldigung der Missetaten versucht.

In der Vertuschung und Rechtfertigung der afrikanischen Gräuel haben die europäischen Regierungen – die vielfache
5   Übung verleiht ihnen Meisterschaft – vorzügliche Leistungen aufzuweisen.

Auf die mannigfachen Methoden näher einzugehen, würde zu weit führen. Wenn ich Zeit hätte, ich wollte ein dreibändiges Werk „de atrocitatum Africanarum occulendarum atque justificandarum arte" [Über die Kunst, die in Afrika begangenen Gräueltaten zu verbergen und zu rechtfertigen] schreiben, welches ich manchem europäischen Staatsmann ehrfurchtsvoll im Namen der Humanität widmen könnte.

10 Übrigens zeigen die europäischen Regierungen manchmal nicht nur Scham, sondern auch unverkennbare Spuren eines wirklichen Gerechtigkeitsgefühls. Erscheint jeder Versuch, die afrikanischen Gräuel zu vertuschen, zu entschuldigen oder zu rechtfertigen, unmöglich, so zögern die europäischen Regierungen wohl nicht, um das humane Gewissen der Öffentlichkeit zu befriedigen, die nachgewiesenen Vorkommnisse „aufs tiefste zu beklagen", „aufs entschiedenste zu missbilligen", ja sogar „ernstlich zu tadeln". Wenn die europäischen Regierungen freilich ihre Humanitätstheorien tatsächlich verwirkli-
15 chen wollten, so müssten sie offenbar von Zeit zu Zeit einige ihrer Beamten, Forschungsreisenden etc. vom Leben zum Tode befördern lassen.

Lichtenstaedter, Siegfried: Nilpferdpeitsche und Kultur. Eine Streitschrift aus dem Jahr 1897 über die Zivilisierung der Kolonien. Mit einem Vorwort von Götz Aly, hg. v. Aly, Götz, Berlin 2021, S. 67

M10 Biografische Hintergründe zum Autor

1   Siegfried Lichtenstaedter kam am 8. Januar 1865 im mittelfränkischen Baiersdorf zur Welt. Im Humanistischen Gymnasium Erlangen übersprang er drei Klassen. Anschließend studierte er orientalische und indogermanische Sprachen sowie Rechtswissenschaften in Erlangen, Leipzig, Berlin und München. Da ihm als Juden die akademische Karriere verschlossen war, wurde er bayerischer Staatsbeamter. [...]

5   Das hiermit unter verändertem Titel neu aufgelegt Buch *Kultur und Humanität* hatte er 1897 veröffentlicht. Als geistig nicht recht ausgelasteter Assessor der bayerischen Finanzverwaltung benutzte er dafür den Tarnnamen Dr. Mehemed Emin Efendi. Im Türkischen bedeutet das substantivierte Adjektiv *emin*: Wahrheitsliebender, Ehrlicher, Klartext Sprechender. [...] Das Pseudonym klingt gleichermaßen orientalisch und gelehrt, zudem verweist es auf die nicht-europäische Perspektive eines Außenstehenden. Und tatsächlich lebte der bayerische Staatsbürger Lichtenstaedter in zweierlei Weise als Fremder im
10 eigenen Land – als Jude und als Homosexueller. Beides verfeinerte sein Sensorium für die Doppelbödigkeit christlich-abendländischer Moral, Humanität und Zivilisation.

Minutiös beobachtete er die Anzeichen der Ressentiments gegen Minderheiten, des Überlegenheitsdünkels, der moralisch bemäntelten (imperialen) Interessenpolitik und des weit verbreiteten, typischerweise verborgenen Neides zwischen sozialen, religiösen und nationalen Großgruppen.

Siegfried Lichtenstaedter: Nilpferdpeitsche und Kultur. Eine Streitschrift aus dem Jahr 1897 über die Zivilisierung der Kolonien. Vorwort von Götz Aly, Berlin 2021, S. 9 [Originalausgabe erschien unter dem Titel Kultur und Humanität. Völkerpsychologische und politische Untersuchungen von Dr. Mehemed Emin Efendi. Würzburg 1897].

1 Analysieren Sie die Quelle M9. Gehen Sie hierbei besonders auf den Ton ein, den der Autor anschlägt, und ziehen Sie Rückschlüsse auf seine Einstellung zur Herrschaft in den Kolonien.

2 Auf welche „afrikanischen Gräuel" bezieht sich der Autor? Recherchieren Sie mögliche Beispiele.

3 Vollziehen Sie anhand der biografischen Informationen zu Siegfried Lichtenstaedter (M10) nach, weshalb er sein Buch unter einem Pseudonym veröffentlichte.

copy

M11 **Bernhard Dernburg (1865–1937), stellvertretender Direktor der Kolonialabteilung des Auswärtigen Amtes**

1 <u>Reichstag. 132. Sitzung. Montag, den 3. Dezember 1906.</u>

[...]

Jetzt kommt der Inhalt der Anklage. [...] Es ist eine Geschichte, die lautet, wie folgt:

Dr. Kersting engagierte einst in Lome einen Koch, der sich nach langem Bitten des Dr. Kersting bereit erklärte, mit ihm bis

5 ins Adelegebiet mitzugehen; es wurde ausdrücklich ausbedungen, daß er nicht nach Sokode zu gehen brauche. Am Orte angelangt, wo der Kontrakt ablief, verlangte der Koch Ablöhnung, da er zur Küste zurückkehren wollte. Dr. Kersting verlangte jedoch, der Koch solle mit ihm bis Sokode weitermarschieren. Als der Koch sich weigerte, ließ ihm Dr. Kersting zunächst 25 Schläge erteilen. Der Koch mußte nachher auf einer Kiste Platz nehmen, dergestalt, daß seine Füße nicht die Erde berührten, damit der empfindliche Druck auf das Gesäß ihn willig machen sollte. Als auch dieses nichts fruchtete, ließ er die 25 Schläge

10 wiederholen! Aber auch dann war der Koch zum Mitkommen nicht zu bewegen. Kersting ließ darauf den Koch in eine Kiste sperren, ließ ihn jedoch am Abend laufen. Im Dorfe ließ Dr. Kersting ausschellen: der Koch wäre nach zwei Stunden vogelfrei. Der Koch entkam durch unwirtliches Gebiet, in welchem sich viele wilde Tiere (Hyänen, Leoparden usw.) aufhalten. Als Dr. Kersting die Kiste öffnete, fragte er den Koch, ob er nun mit wolle. Der Koch sagte: „Massa, i beg you, to lose one Bullet to-day." Der Koch meinte damit, er – Kersting – könne ihn eher erschießen, als daß er ihn zum Mitkommen bringen könnte.

15 Meine Herren, das ist eine Geschichte, die gehört in ein Märchenbuch für kleine Kinder.

(Unruhe)

Damit kann ein Staatsanwalt, eine Behörde, die einen Beamten auf Grund dieser Angaben verfolgen soll, nichts anfangen.

(Zurufe aus der Mitte)

Wo ist denn ein Zeuge genannt? Es ist kein einziger Zeuge genannt.

20 Jetzt komme ich auf einen anderen Fall, das ist der Fall des Kochs Mesa. Über ihn hat der Herr Abgeordnete Roeren gesagt, er sei unerhört mißhandelt worden und sei infolge der Mißhandlungen gestorben. Das sei der Grund gewesen, daß Herr Dr. Kersting seine Leiche an die Küste bringen ließ. – Wozu er das wohl getan haben mag? – Und nachher hätten die Schwarzen gesungen – und das hätte der Pater Müller gehört –: der Weiße hat den Schwarzen getötet. Herr Dr. Kersting stellt unter Beweis – und das wird sich aus der Beweisaufnahme ergeben –, daß dieser Koch am Schwarzwasserfieber im In-

25 nern gestorben ist, nachdem er ihn mehrerer Tage gepflegt hat. Und nun kommt diese Phantasie dieser halb Kinder, halb Narren und halb Wilden[1], die sagen: „wo ist der Koch geblieben? der Weiße hat ihn umgebracht."

Das ist das Material gegen Herrn Dr. Kersting!

[...]

Nun kommt die Sache, die leider Herr Ablaß vorgestern angeführt hat. Das tut mir nun furchtbar leid; denn hier ist die

30 Geschichte von dem Mann, den der Dr. Kersting erschossen hat, und bei dem er – horribile indictu! – den Kopf abgeschnitten und ihn in seinem Eßzimmer aufgehängt hat; Herr Kersting, ein feiner europäisch gebildeter Arzt von durchaus zartem Körperbau und sehr gebildeten Manieren, – ich habe den Mann kennen gelernt. Seine sämtlichen Vorgesetzen haben gesagt, daß er nie eine Waffe getragen habe, auch draußen nicht; denn unter den paar hunderttausend Schwarzen nützen sie ihm nichts. Dieser Mann also soll das getan haben. Da sind die verschiedensten Zeugen gehört, manche werden noch

35 gehört; ich kann leider das Ergebnis nur unvollständig mitteilen, und wenn ich mich in meinem Urteil geirrt haben soll, werde ich es frank benennen. Was aber ermittelt ist und was richtig zu sein scheint, ist dieses: es hat sich dort ein Medizinmann damit abgegeben, daß er Recht unter den Eingeborenen gesprochen hat, indem er zwei Tränklein mischte und sie beiden Parteien zu trinken gab, und wer auf dem Platze blieb, war der Schuldige. Gegen diese Sorte von Justiz, die vielleicht dort sehr verteidigt wird, weil sie von den Eingeborenen kommt,

(große Unruhe und Widerspruch bei den Sozialdemokraten)

40 hat sich Herr Kersting gewehrt und hat diesen Mann verhaften lassen. [...]

[1] Vgl. Glossar S. 23

① Recherchieren Sie für das Verständnis von M11 wichtige Hintergrundinformationen.

② Ordnen Sie die Quelle in ihren historischen Kontext ein.

③ Stellen Sie den im Reichstag diskutierten Sachverhalt in eigenen Worten dar.

④ Analysieren Sie die Rede.

⑤ Beurteilen Sie die Vorgehensweise der Behörden.

copy

M12 „In einem Punkt waren sich alle einig"

1 Bei aller Kritik an Kolonialbeamten und trotz mancher Unterschiede bezüglich der Einschätzung der Missionare waren die Reichstagsredner in einem Punkt einig: Sie alle teilten den im Kaiserreich alltäglichen Rassismus. In den Debatten wurden unablässig die rassistischen Argumentationsmuster vom faulen Neger[1] und der Höherwertigkeit der weißen Rasse wiederholt, die im Kaiserreich genauso verbreitet waren wie das Zivilisationsmodell. Mit diesem Modell wurde die Welt in unterschiedli-

5 che Zivilisationsstufen eingeteilt, und jede Rasse wurde auf einer jeweils spezifischen Stufe der Entwicklung angesiedelt. Dass die Europäer die Spitze der Zivilisation bereits erreicht hatten – wobei sie ihre Überlegenheit vor allem dadurch demonstrierten, dass sie sich als Helfer und Erlöser in Szene setzten –, war dabei ein *common sense*, der nicht nur im Reichstag, sondern in jeder Völkerschau oder Weltausstellung und auf jedem Missionsfest, in den Zeitungsberichten über den Herero-Nama-Krieg und auf Werbebildchen und einschlägigen Postkarten tagtäglich bestätigt wurde. In den Reichstagsdebatten wurde

10 also der Vorstellung von einer qua Rasse vorgegebenen, grundsätzlichen Differenz zwischen Menschen Vorschub geleistet, die sich nicht nur auf körperliche, sondern auch auf moralische und intellektuelle Merkmale bezog. [Wichtig ist dabei, dass dieses Grundaxiom des modernen Rassismus, trotz zahlreicher zweifellos wichtiger Unterschiede, von allen Abgeordneten unabhängig von ihrer politischen Couleur gleichermaßen geteilt wurde.] [...] Was das rassistische Grundaxiom von kultureller, biologischer und intellektueller Differenz anbelangt, unterschieden die sich im Reichstag vertretenen Parteien weder un-

15 tereinander noch vom Gros der deutschen, ja europäischen Gesellschaft.

Und so paradox es auf den ersten Blick erscheinen mag: Genau diesem Rassismus wurde zumindest implizit in der Debatte im Dezember 1906 das Wort geredet, als man öffentlich Geschichten voller stereotypisierter Gestalten ausbreitete, die nur durch eine Handvoll zum Klischee geronnener Narrative und reißerischer Gewalt- und Sexszenen zusammengehalten wurden. Daran ändert auch der Umstand nichts, dass viele Abgeordnete offen Kritik an der Kolonialpolitik der Regie-

20 rung übten. Die Skandalisierung der kolonialen Gewaltpraktiken bedeutete nämlich noch lange nicht, dass man koloniale Herrschaft grundsätzlich ablehnte.

Rebecca Habermas: Skandal in Togo, Frankfurt/M. 2016, S. 46–48

[1] vgl. Glossar S. 23

M13 Koloniales Erbe

1 [...] es gibt ein koloniales Erbe, das noch viele Generationen lang nachwirken wird, denn es hat sich eingeschrieben in die Namen der Menschen. Der Mann, der uns in Lomé herumführt, heißt zum Beispiel Müller, Joseph Müller. [...] Müller ist stolz auf seinen Namen mit dem lustigen Umlaut, der auf seinen deutschen Großvater zurückgeht. Der sei Händler gewesen, ein Glücksritter, der in Togoland einträglich Geschäfte betrieben und mit einer schönen Einheimischen ein paar Kinder gezeugt habe.

5 Müllers Großvater war kein Einzelfall. Nach Schätzungen der Historikerin Bettina Zurstrassen sollen neun von zehn Kolonialbeamten sexuelle Beziehungen mit Afrikanerinnen gehabt haben; 1912 lebten nach offiziellen Angaben bereits 263 sogenannte Mischlinge im Togoland – das entsprach beinahe der Zahl der dort niedergelassenen Europäer. [...]

Das Leben der überwiegend jungen Kolonialisten war in der Regel eintönig und langweilig, sie hatten keine Familien, fühlten sie auf einsamen Stationen isoliert, verstanden die lokalen Sprachen nicht und wollten sie auch gar nicht lernen. Sie

10 hatten Angst vor unheilbaren Tropenkrankheiten, vor wilden Tieren, vor allem aber vor den „Eingeborenen", diesen unberechenbaren, abergläubischen „Augenblicksmenschen", wie der Oberstleutnant Julius Smend schrieb. Die Vergnügungen für Beamte und Soldaten waren überschaubar: Saufgelage, Spiel- und Kasinoabende oder Jagden, bei denen sie alles niederschossen, was ihnen vor die Flinte kam. Sie sahen monatelang keine weiße Frau. Um dem sexuellen Notstand abzuhelfen, nahmen sie sich afrikanische Konkubinen. Das war zwar offiziell untersagt, wurde aber stillschweigend geduldet. Selbst Gou-

15 verneur Julius von Zech zeugte Kinder mit „Eingeborenen".

Bartolomäus Grill: Wir Herrenmenschen. Unser rassistisches Erbe: Eine Reise in die deutsche Kolonialgeschichte. München 2021. S. 106–108.

1 Arbeiten Sie aus M12 die Kernaussagen heraus.

2 Prüfen Sie deren Stichhaltigkeit mit Hilfe der Reichstagsprotokolle (M11).

3 Charakterisieren Sie die in M13 dargestellten Lebensbedingungen für die deutschen Kolonialbeamten in Togo und die sich daraus ergebenden Konsequenzen.

4 Leiten Sie sich hieraus ergebende Chancen für die Aufarbeitung und Erforschung der Kolonialgeschichte ab.
a) Formulieren Sie mögliche Forschungsfragen.
b) Entwerfen Sie ein Konzept für ein gemeinsames Forschungsprojekt togolesischer und deutscher Historiker*innen.

M14 Umbenennung als Ausdruck von Umdenken?

1 Diejenigen, die heute solche Sammlungen [*Kunstgegenstände und andere Gegenstände (u. a. auch menschliche Schädel) aus ehemaligen Kolonien*] betreuen, vermeiden Wörter wie Ethnologie oder gar Völkerkunde und weichen auf weniger eurozentrisch anmutende Begriffe wie Menschheitskultur aus. Dahinter verbirgt sich (nicht immer, aber häufig) der Versuch, die einst auf unschöne Weise erbeuteten Objekte als Erbe der gesamten Menschheit auszugeben. Diese Logik führt zu einer mehr oder weni-
5 ger deutlich formulierten eigennützigen Feststellung: Wenn die kulturellen Zeugnisse aus den ehemaligen Kolonien Europas allen gehören, ist es gleichgültig, wo sie heute stehen – sei es in Paris, Brüssel, Amsterdam, Madrid, London, Wien oder eben Berlin.

Um den damit verbundenen Fragen zu entfliehen, verbergen sich die meisten Völkerkundemuseen heute schamhaft hinter wohlklingenden Ersatznamen: In Berlin wandelte man das Völkerkundemuseum zum Humboldt Forum, in München zum Museum Fünf Kontinente, in Wien zum Weltmuseum, in Frankfurt am Main zum Museum der Weltkulturen, in Basel zum
10 Museum der Kulturen, in Hamburg nennt man sich sportlich MARKK (Museum am Rothenbaum – Kulturen und Künste der Welt). Paris glänzt mit zwei ethnologischen Museen. Das ältere heißt Musée de l'Homme, das sehr viel später unter der Ägide von Jacques Chirac neu errichtete zweite völkerkundliche Museum wurde einfach nach der Adresse Musée du quai Branly benannt. Ähnliche Verbalmimikry veranstalteten die ethnologischen Museen in Köln, Göteborg und Rotterdam.

Statt allzu viel über Kolonialismus nachzudenken, zu reden und zu streiten, werden die Museen wortreich zu Orten umge-
15 widmet, in denen sich angeblich „die Kulturen der Welt zum Dialog treffen". So weit der sehnlich erwünschte schöne Schein. Ausgeschmückt mit Begriffen wie „gleichberechtigt" und „partizipatorisch", findet dieses fiktive, extrem ungleiche Gespräch in der Form scheinbar bußfertigen Ablasshandels statt. Manchmal gekrönt von einer antikolonialen Skulptur oder Installation, die ein mehr oder weniger gut bezahlter Künstler – möglichst eine Person of Colour – beisteuern darf. Zugleich werden in den ethnologischen Museen deren großteils zusammengestohlene „exotische" Bestände weiterhin von den europäischen Kunst-, Ge-
20 werbe- und Alltagssammlungen separiert. Diese gelten als kulturell höherwertig – auch wenn es fast niemand mehr laut sagt.

Aly, Götz: Das Prachtboot. Wie Deutsche die Kunstschätze der Südsee raubten, Frankfurt/M. 2021, S. 16–18

M15 „Ein längst überfälliger Schritt" (Baerbock zur Rückgabe der Benin-Bronzen)

https://www.tagesschau.de/inland/baerbock-rueckgabe-benin-bronzen-101.html

M16 Wirbel um Raubkunst-Rückgabe

1 Es war ein symbolträchtiger Akt, als vergangenen Dezember Außenministerin Annalena Baerbock und Kulturstaatsministerin Claudia Roth in der nigerianischen Hauptstadt Abuja die Benin-Bronzen[1] übergaben. Die koloniale Raubkunst, die sich bis dato in deutschen Museen befand, sollte an die nigerianische Gesellschaft zurück gegeben werden. Doch wie unter anderem *Focus Online* berichtet, sind die wertvollen Bronzen nun in Privatbesitz gelandet und nicht wie geplant im Museum.
5 Auf der Homepage des Museums wurde die Ausstellung der Bronzen schon angekündigt: Es werde „die weltweit größte Sammlung von Benin-Bronzen beherbergen". Die deutsche Regierung hat den Bau des Museums mit mehreren Millionen Euro mitfinanziert – doch der scheidende Präsident Nigerias, Mohammedu Buhari, hatte wohl andere Pläne. Er hat die Eigentumsrechte der Benin-Bronzen an die königliche Familie, Oba Ewuare II., übertragen.

Die Königsfamilie kann nun gänzlich über alle Kunstwerke, die 1897 bei einer britischen Strafexpedition im Königspalast
10 von Benin geplündert wurden, verfügen. Dadurch ist ungewiss, ob die Bronzen tatsächlich im Museum ausgestellt werden oder im Privatbesitz verschwinden.

https://www.merkur.de/politik/raubkunst-nigeria-annalena-baerbock-benin-bronzen-privatbesitz-museum-zr-92264298.html

[1] Bei den Benin-Bronzen handelt es sich um mehr als 5000 Reliefs und Skulpturen aus Messing. Sie entstanden zwischen dem 13. und 15. Jahrhundert im Königreich Benin, dem heutigen Nigeria. Ab dem 15. Jahrhundert wurden sie größtenteils aus kupfernen Armreifen gefertigt, die von portugiesischen Händlern als Zahlungsmittel für Sklaven und Elfenbein genutzt wurden.

1 Fassen Sie die Kritik des Autors (M14) am Umgang mit kulturellen Zeugnissen aus den ehemaligen Kolonien in eigenen Worten zusammen.

2 Informieren Sie sich über die Rückgabe der Benin-Bronzen (z.B. M15).

3 Reflektieren Sie Möglichkeiten und Grenzen eines verantwortungsvollen Umgangs Deutschlands mit seinem kolonialen Erbe. Beziehen Sie hierzu auch M15 und M16 ein.

M17 Wie soll man ihn künftig nennen?

„Mohr[1]" mit Smaragdstufe, wohl 1724, Grünes Gewölbe Dresden (bpk/Staatliche Kunstsammlungen Dresden/Jürgen Karpinski)

1 *Die Staatlichen Kunstsammlungen Dresden überprüfen Millionen ihrer Werke auf rassistische und diskriminierende Titel. Hier diskutieren die Museumschefin Marion Ackermann und der Schriftsteller Lukas Rietzschel darüber:*

ZEIT: Frau Ackermann, [...] Wenn man den *Mohr mit der Smaragdstufe* im
5 Online-Katalog ansteuert, steht da nun „**** *mit der Smaragdstufe*". Klickt man darauf, erscheint eine Warnung vor „Begriffen, die rassistisch oder anderweitig diskriminierend sind." [...] *Mohr mit der Smaragdstufe* ist der Titel einer Skulptur von Balthasar Permoser, die im frühen 18. Jahrhundert entstand. Wenn man den Namen so eines Kunstwerks ändert – unterschlägt man dann nicht den Kon-
10 text seiner Entstehung?

Ackermann: Nein. Wir haben den Namen ja nicht geändert. Das M-Wort wird nicht getilgt – Sie können sich in unserem Internet-Katalog, der „SKD-Collection", entscheiden, ob Sie es sehen möchten oder nicht. [...] Sie können wählen, Sie können es sich im Original anzeigen lassen oder eben nicht. Zweimal kli-
15 cken, das halte ich für eine relativ niedrige Schwelle. Im Museum selbst ändert sich nichts, schon weil es im Historischen Grünen Gewölbe keine Plaketten mit Werktiteln gibt. Wir wollen nichts vorschreiben, wir wollen Debatten führen. Dafür wurden wir von einer bestimmten Seite attackiert. Wegen des M- oder des N-Worts in Werktiteln erleben wir aber ebenfalls Proteste, seit Jahren. Auch da-
20 rauf müssen wir reagieren. Das tun wir auch mit einer Debattenreihe zur sensiblen Sprache, die wir vorbereiten.

Rietzschel: Ich bin der Letzte, der das Wort „Mohr" verteidigen würde. Ich glaube allerdings, dass einige Teile der Bevölkerung das Gegenteil von Diskussionslust wahrnehmen – deshalb gab es vielleicht auch diese Aufregung, Frau Ackermann. Viele Leute in Sachsen, und nicht
25 nur hier, haben anscheinend das Gefühl: Jetzt sagt man uns auch noch, wie man dieses Kunstwerk zu nennen und zu betrachten hat! [...] Manchmal haben wir nicht genügend Zutrauen in die Mündigkeit der Bürgerinnen und Bürger. Ich bin es [...] leid, in Museen immerzu alles vorgekaut zu bekommen. Die meisten Bürger sind durchaus in der Lage, Kunstwerke in einem historischen Kontext zu betrachten. Alle Informationen sind verfügbar, man kann sie recherchieren, man findet die Erklärungen. Wenn Kunstwerke eine schwierige, auch von Rassismus geprägte Geschichte haben, muss man das vor den Leu-
30 ten nicht verbergen, die allermeisten können damit umgehen.

Ackermann: Ich bin wie Sie absolut dagegen, Dinge zu verbergen. Oder die Historie von Kunstwerken zu beschönigen. Man muss offen erzählen, was dunkle Seiten der eigenen Geschichte sind, auch der eines Museums und seiner Kunst. Gleichzeitig wachsen die Ansprüche an Museen, aufzuklären: Wo kommen Werke her? Was steckt hinter Titeln? Das kann man nicht alles als „woke" verurteilen [...]. Wir sollten nicht so tun, als habe das, was wir in Dresden machen, nur in Dresden Re-
35 levanz. Überall in der Welt ist unsere Kunst auf Gastausstellungen zu sehen, in vielen Ländern werden präkoloniale und koloniale Zusammenhänge viel lauter diskutiert als bei uns. Maria Balshaw, Direktorin des Tate-Museums London, erzählte mir, wie heftig Debatten sind, die teils um ihr Haus geführt werden. Es gibt Shitstorms um Kunstwerke, die als politisch unkorrekt wahrgenommen werden.

Rietzschel: Nur weil da ein Kulturkampf anderswo noch schlimmer ausgefochten wird, ist er bei uns nicht sofort gut.
40 Es ist ja leichter, ein Kunstwerk, eine Künstlerin oder einen Künstler zu attackieren, als tatsächlich gegen Ungerechtigkeiten und Fehlentwicklungen in der Gesellschaft vorzugehen. Noch mal, ich verteidige dieses Wort nicht. Aber was hat der Kampf gegen Rassismus gewonnen, wenn der „Mohr" jetzt als „Sternchen-Sternchen-Sternchen" bezeichnet wird? [...]

Interviewausschnitt aus: DIE ZEIT Nr. 37, 8.9.2022, S. 10

[1] Vgl. Glossar S. 23

1 Vollziehen Sie die Argumentation der beiden Interviewten (M17) nach, indem Sie deren Argumente knapp zusammengefasst in einer Tabelle gegenüberstellen.

2 Nehmen Sie begründet Stellung dazu, welche Position Sie als überzeugender erachten.

3 Finden Sie ein Beispiel für eine Auseinandersetzung mit unserem kolonialen Erbe, die Ihrer Meinung nach gelungen ist, und präsentieren Sie diese Ihren Mitschüler*innen. Beispiele: Zeitungsartikel, Buch, Ausstellung, Dokumentation, Spielfilm, Podcast, …

copy

M18 Mohrengasse und Mohrenapotheke Schmalkalden

Mohrengasse und Mohren[1] apotheke in Schmalkalden (Aufnahmen: Michael Wolff)

[1] Vgl. Glossar S. 23

1 Erörtern Sie generell Vorzüge wie Probleme, die sich aus der Umbenennung von Straßennamen ergeben.

2 Diskutieren Sie im speziellen, ob sich am Beispiel der Mohrenstraße in Schmalkalden Argumente dafür finden lassen, jede mögliche Umbenennung einer Mohrenstraße individuell zu prüfen?

3 Diskutieren Sie, ob Berlin und die Berliner Mohrenstraße einen Sonderfall darstellen oder ob es sich um ein Beispiel handelt, das stellvertretend für viele steht.

M19 The Colour of Justice: Racial and Ethnic Disparity in State Prisons, OCTOBER 13, 2021, Ashley Nellis, Ph.D.

Key findings

1. 1. Black Americans are incarcerated in state prisons at nearly 5 times the rate of white Americans.
   2. Nationally, one in 81 Black adults in the U.S. is serving time in state prison. Wisconsin leads the nation in Black imprisonment rates; one of every 36 Black Wisconsinites is in prison.
   3. In 12 states, more than half the prison population is Black: Alabama, Delaware, Georgia, Illinois, Louisiana, Maryland,
5 Michigan, Mississippi, New Jersey, North Carolina, South Carolina, and Virginia.
   4. Seven states maintain a Black/white disparity larger than 9 to 1: California, Connecticut, Iowa, Maine, Minnesota, New Jersey, and Wisconsin.
   5. Latinx individuals are incarcerated in state prisons at a rate that is 1.3 times the incarceration rate of whites. Ethnic disparities are highest in Massachusetts, which reports an ethnic differential of 4.1:1.

https://www.sentencingproject.org/publications/color-of-justice-racial-and-ethnic-disparity-in-state-prisons/, abgerufen am 15.11.2021

M20 Signe Wilkinson: KKK Defense

Napa Valley Register, June 29, 2018.

1 Describe, analyze and interpret the cartoon (M20).

2 Find ways to visualize Ashley Nellis's key findings (M19).

3 Form an opinion on why there is such a racial and ethnic disparity in American state prisons.

copy

M21 Disparity Facts

1 STATISTIC #1:

African American students are less likely than white students to have access to college-ready courses. In fact, in 2011–12, only 57 percent of black students have access to a full range of math and science courses necessary for college readiness, compared to with 81 percent of Asian American students and 71 percent of white students. [...]

5 STATISTIC #2:

Even when black students do have access to honors or advanced placement courses, they are vastly underrepresented in these courses. Black and Latino students represent 38 percent of students in schools that offer AP courses, but only 29 percent of students enrolled in at least one AP course. Black and Latino students also have less access to gifted and talented education programs than white students. [...]

10 STATISTIC #3:

African American students are often located in schools with less qualified teachers, teachers with lower salaries and novice teachers. [...]

STATISTIC #4:

Research has shown evidence of systematic bias in teacher expectations for African American students and non-black tea-
15 chers were found to have lower expectations of black students than black teachers. [...]

STATISTIC #5:

African American students are less likely to be college-ready. In fact, 61 percent of ACT-tested black students in the 2015 high school graduating class met none of the four ACT college readiness benchmarks, nearly twice the 31 percent rate for all students. [...]

20 STATISTIC #6:

Black students spend less time in the classroom due to discipline, which further hinders their access to a quality education. Black students are nearly two times as likely to be suspended without educational services as white students. Black students are also 3.8 times as likely to receive one or more out-of-school suspensions as white students. In addition, black children represent 19 percent of the nation's pre-school population, yet 47 percent of those receiving more than one out-of-
25 school suspension. In comparison, white students represent 41 percent of pre-school enrollment but only 28 percent of those receiving more than one out-of-school suspension. Even more troubling, black students are 2.3 times as likely to receive a referral to law enforcement or be subject to a school-related arrest as white students. [...]

STATISTIC #7:

Students of color are often concentrated in schools with fewer resources. Schools with 90 percent or more students of color
30 spend $733 less per student per year than schools with 90 percent or more white students. [...]

STATISTIC #8:

According to the Office for Civil Rights, 1.6 million students attend a school with a sworn law enforcement officers (SLEO), but not a school counselor. In fact, the national student-to-counselor ratio is 491-to-1, however the American School Counselor Association recommends a ratio of 250-to-1. [...]

35 STATISTIC #9:

In 2015, the average reading score for white students on the National Assessment of Educational Progress (NAEP) 4th and 8th grade exam was 26 points higher than black students. Similar gaps are apparent in math. The 12th grade assessment also show alarming disparities as well, with only seven percent of black students performing at or above proficient on the math exam in 2015, compared to 32 percent white students.
40 [...]

There is a clear lack of black representation in school personnel. According to a 2016 Department of Education report, in 2011–12, only 10 percent of public school principals were black, compared to 80 percent white. Eighty-two percent of public school educators are white, compared to 18 percent teachers of color. In addition, black male teachers only constitute two percent of the teaching workforce. [...]

https://uncf.org/pages/k-12-disparity-facts-and-stats, abgerufen am 15.11.2021

1 Discuss the content of the given statistics (M21) with a partner.

2 Reflect on a possible link between M19 and M21.

M22   Some examples of apartheid legislation

Mines and Work Act	Immorality Act	Natives Land Act
	Natives Urban Areas Act	

M23   On Durban Beach

(Guinnog, CC BY-SA 3.0)

1   Research the content of the acts (M22).

2   Find further examples of apartheid legislation.

M24 The Freedom Charter

THE FREEDOM CHARTER

ADOPTED AT THE CONGRESS OF THE PEOPLE AT KLIPTOWN, JOHANNESBURG, ON JUNE 25 AND 26, 1955.

WE, the People of South Africa, declare for all our country and the world to know:

that South Africa belongs to all who live in it, black and white, and that no government can justly claim authority unless it is based on the will of all the people;

that our people have been robbed of their birthright to land, liberty and peace by a form of government founded on injustice and inequality;

that our country will never be prosperous or free until all our people live in brotherhood, enjoying equal rights and opportunities;

that only a democratic state, based on the will of all the people, can secure to all their birthright without distinction of colour, race, sex or belief;

And therefore we, the People of South Africa, black and white together — equals, countrymen and brothers — adopt this Freedom Charter. And we pledge ourselves to strive together sparing neither strength nor courage, until the democratic changes here set out have been won.

THE PEOPLE SHALL GOVERN!

Every man and woman shall have the right to vote for and to stand as a candidate for all bodies which make laws;

All people shall be entitled to take part in the administration of the country;

The rights of the people shall be the same, regardless of race, colour or sex;

All bodies of minority rule, advisory boards, councils and authorities shall be replaced by democratic organs of self-government.

ALL NATIONAL GROUPS SHALL HAVE EQUAL RIGHTS!

There shall be equal status in the bodies of state, in the courts and in the schools for all national groups and races.

All people shall have equal right to use their own languages, and to develop their own folk culture and customs;

All national groups shall be protected by law against insults to their race and national pride;

The preaching and practice of national, race or colour discrimination and contempt shall be a punishable crime;

All apartheid laws and practices shall be set aside.

THE PEOPLE SHALL SHARE IN THE COUNTRY'S WEALTH!

The national wealth of our country, the heritage of all South Africans, shall be restored to the people;

The mineral wealth beneath the soil, the Banks and monopoly industry shall be transferred to the ownership of the people as a whole;

All other industry and trade shall be controlled to assist the well-being of the people;

All people shall have equal rights to trade where they choose, to manufacture and to enter all trades, crafts and professions.

THE LAND SHALL BE SHARED AMONG THOSE WHO WORK IT!

Restriction of land ownership on a racial basis shall be ended, and all the land redivided amongst those who work it, to banish famine and land hunger;

The state shall help the peasants with implements, seed, tractors and dams to save the soil and assist the tillers;

Freedom of movement shall be guaranteed to all who work on the land;

All shall have the right to occupy land wherever they choose;

People shall not be robbed of their cattle, and forced labour and farm prisons shall be abolished.

ALL SHALL BE EQUAL BEFORE THE LAW!

No one shall be imprisoned, deported or restricted without a fair trial;

No one shall be condemned by the order of any Government official;

The courts shall be representative of all the people;

Imprisonment shall be only for serious crimes against the people, and shall aim at re-education, not vengeance;

The police force and army shall be open to all on an equal basis and shall be the helpers and protectors of the people;

All laws which discriminate on grounds of race, colour or belief shall be repealed.

ALL SHALL ENJOY EQUAL HUMAN RIGHTS!

The law shall guarantee to all their right to speak, to organise, to meet together, to publish, to preach, to worship and to educate their children;

South African Freedom Charter Document, p. 1, Courtesy Historical Papers Research Archive, University of the Witwatersrand, Johannesburg, www.blackpast.org/global-african-history/primary-documents-global-african-history/african-national-congress-freedom-charter/, abgerufen am 15.11.2021

1 Arrange important events and dates on the history of South Africa up to the year 1994 in a timeline.

2 Research the historical context for M23 and M24.

3 Present a recent example of racial discrimination and persecution by state and non-state bodies against individuals or groups.

S. 2 Formulieren Sie Fragen an diese Bildquelle.

Von wann stammt das Bild? Wer war der Fotograf? Welcher gesellschaftlichen Schicht gehören die beiden Menschen an? Zu welchem Anlass wurde das Foto gemacht? Welcher Nationalität gehören die beiden Menschen an? In welchem Verhältnis stehen die beiden zueinander? In welchem Land wurde das Bild aufgenommen? Welche Bedeutung hatten unterschiedliche Hautfarben in der damaligen Gesellschaft? Wie wurden „gemischte" Ehen damals gesehen?

S. 3 Informieren Sie sich über die „deutschen Schutzgebiete".

Die Bezeichnung der deutschen Kolonien im kaiserlichen Amtsdeutsch lautet **„Deutsche Schutzgebiete"**. Auf dem Höhepunkt der kolonialen Erwerbungen nach dem Jahr 1900 umfasste der deutsche Kolonialbesitz 2.597.180 km² mit rund 12 Millionen Einwohnern.

Nach dem „Erwerb" von **Deutsch-Südwestafrika** (heute: Namibia) (1883 durch Franz Adolf Eduard Lüderitz, 1884 erfolgt offiziell vom Deutschen Reich gegenüber den europäischen Mächten die Erklärung über die deutsche „Schutzherrschaft") folgten 1884 **Kamerun** und **Togo**. **Deutsch-Ostafrika** (heute: Tansania, Ruanda, Burundi) war ab 1885 Kolonie des Deutschen Reichs.

Zuständig für die Betreuung der deutschen Kolonien war zunächst die politische Abteilung des Auswärtigen Amtes. Im April 1890 wurde dann im Auswärtigen Amt eine Kolonialabteilung etabliert, Kolonialsachen unterstanden im Gegensatz zu den anderen Abteilungen direkt dem Reichskanzler, 1907 ging aus dieser Abteilung das Reichskolonialamt hervor.

S. 6 Arbeiten Sie aus M6 die Kernaussagen des französischen Historikerteams heraus.

* *Völkerschauen nicht nur Folge des Imperialismus, sondern auch Vorbedingung*
* *gängige Praxis in vielen Staaten Europas, den USA und Asiens*
* *legitimiert durch Wissenschaft*
* *Vorstellung der eigenen Überlegenheit kommt zum Ausdruck („gezähmt", „Zivilisationsmission", „zivilisiert")*

S. 8 Analysieren Sie die Quelle M9.

Der Ton des Autors kann ab Z. 4 als scharf ironisch, mit Blick auf die Zeilen 14-16 sarkastisch, gar zynisch bezeichnet werden. So attestiert er den europäischen Regierungen eine durch Übung erworbene Meisterschaft in der Vertuschung und Rechtfertigung kolonialer Verbrechen (vgl. Z. 4f.) und gibt an, mühelos ein dreibändiges Werk füllen zu können über „die Kunst, die in Afrika begangenen Gräueltaten zu verbergen und zu rechtfertigen" (vgl. Z. 6-8).

Im letzten Abschnitt zieht der Autor die Floskeln ins Lächerliche, die verwendet werden, wenn sich koloniale Verbrechen einmal nicht vertuschen ließen. Über das rhetorische Mittel der Auflistung, die in einer vermeintlichen Klimax mündet, entlarvt er die Unzulänglichkeit dieser Reaktionen auf schlimmste Grausamkeiten gegenüber der einheimischen Bevölkerung.

S. 9 Recherchieren Sie für das Verständnis des Materials wichtige Hintergrundinformationen.

   Ordnen Sie die Quelle in ihren historischen Kontext ein.

Togo von 1884–1919 deutsche Kolonie; galt als „Musterkolonie"; spätestens seit 1900 erreichen immer wieder Berichte von Machtmissbrauch durch Kolonialbeamte das Kaiserreich und dessen Hauptstadt Berlin, sodass es sich irgendwann auch nicht mehr vermeiden lässt, dass die Fälle, die nicht mehr zu vertuschen sind, zum Inhalt von Reichstagsdebatten werden.

   Stellen Sie den im Reichstag diskutierten Sachverhalt in eigenen Worten dar.

Dr. Kersting werden mehrere Fälle von Misshandlungen von Menschen (zwei Köchen und einem Medizinmann) in der Kolonie Deutsch-Togo vorgeworfen.

   Analysieren Sie die Rede.

An vielen Stellen wird die Voreingenommenheit des Redners, des stellvertretenden Direktors der Kolonialabteilung des Auswärtigen Amtes, Herrn Dernburg, deutlich. Er weist schon zu einem sehr frühen Zeitpunkt innerhalb seiner Rede darauf hin, dass es als „äußerst unwahrscheinlich zu betrachten" sei, „daß es zu einem strafrechtlichen Vorgehen [...] gegen Dr. Kersting kommen könnte". Die Aussagekraft schwarzer Zeugen wird von ihm bestritten. Sie werden von ihm als „halb Kinder, halb Narren und halb Wilde[n]" bezeichnet. Dr. Kersting hingegen als „feiner europäisch gebildeter Arzt von durchaus zartem Körperbau und sehr gebildeten Manieren".

Die Adressaten der Reden werden mehrfach direkt angesprochen („Meine Herren"), mittels u. a. rhetorischer Fragen (vgl. Z. 22) wird suggeriert, dass sich eigentlich alle Anwesenden einig sein müssten und mit den Ausführungen lediglich einer notwendigen Formalität nachgekommen wird. Die legitimen Anliegen der anklagenden Stimmen werden von ihm als Lappalien abgetan oder als Missverständnisse hingestellt (vgl. z.B. Z. 24 → Koch sei an Schwarzfieber gestorben und vorher von Dr. Kersting gepflegt worden; vgl. Z. 25 → letzter Absatz).

S. 10 **Arbeiten Sie aus M12 die Kernaussagen heraus.**
- **alle** Redner im Reichstag teilten den im Kaiserreich alltäglichen Rassismus (Vorstellung von der Höherwertigkeit der weißen Rasse, Wiederholung rassistischer Argumentationsmuster und Stereotype → „faule[r] Neger")
- Debatte im Dezember 1906 bestätigt dies
- **Prüfen Sie deren Stichhaltigkeit mit Hilfe der Reichstagsprotokolle (M11).**
- Vgl. Analyse der Rede

S. 11 **Fassen Sie die Kritik des Autors am Umgang mit kulturellen Zeugnissen aus den ehemaligen Kolonien in eigenen Worten zusammen.**
- das Erbe der Kolonialzeit wird nicht ernsthaft aufgearbeitet
- es werden im Gegenteil Zusammenhänge verschleiert (Völkerkundemuseen verbergen sich hinter „wohlklingenden Ersatznamen")
- zudem greifen nach wie vor rassistische Denkmuster und Mechanismen (kein gleichberechtigter Dialog, Pseudoberücksichtigung anderer Perspektiven, „exotische" Bestände werden als minderwertig gegenüber europäischen Kunst-, Gewerbe- und Alltagssammlungen eingestuft)

S. 12 **Vollziehen Sie die Argumentation der beiden Interviewten nach, indem Sie deren Argumente knapp zusammengefasst in einer Tabelle gegenüberstellen.**

Marion Ackermann	Lukas Rietzschel
• bei Werken, deren Titel nicht vom Künstler selbst vergeben wurde, sieht sie eine rassismuskritische Korrektur für unbedenklich und angezeigt • User entscheidet selbst, ob er/sie sich den Originaltitel anzeigen lässt • Ansprüche an Museen, Aufklärungsarbeit zu leisten, sind gestiegen	• Menschen fühlen sich bevormundet und gegängelt • sie sind mündig und können Dinge einordnen bzw. wissen selbst wie/wo sie sich informieren können • bezweifelt, dass durch die museale Form der Aufklärungsarbeit Rassismus bekämpft wird

S. 13 **Erörtern Sie generell Vorzüge wie Probleme, die sich aus der Umbenennung von Straßennamen ergeben.**
Vorzüge:
- Zeichen von Reflektiertheit
- Gelegenheit, (als Gesellschaft/Stadt/Gemeinde) neue Schwerpunkte zu setzen
- hoher symbolischer Wert für Teile der Bevölkerung
Probleme:
- erhöhter finanzieller Aufwand
- ein Teil der Geschichte wird unsichtbar bzw. durch zusätzliche, z. T. „sperrige" Infotexte nur noch von wenigen Menschen wahrgenommen
- zieht oft „Folgeprobleme" nach sich → Überleitung zu:

Diskutieren Sie im speziellen, ob sich am Beispiel der Mohrenstraße in Schmalkalden Argumente dafür finden lassen, jede mögliche Umbenennung einer Mohrenstraße individuell zu prüfen
→ am Beispiel Schmalkalden wird deutlich, dass bei einer Umbenennung der Mohrenstraße konsequenterweise auch eine Umbenennung der Mohrenapotheke sowie eine Entfernung des Mohren an der Hauswand vorgenommen werden müsste
   Mines and Works Act (1911): reserved certain jobs in mining for white workers.
   Immorality Act (1927): an act of the Parliament of South Africa that prohibited extramarital sex between white people and people of color.
   Natives Land Act (1913): first major piece of segregation legislation; limiting African landownership to 7% and later to 13%; restricted black people from buying or occupying land except as employees of a white master; opened the door for white ownership of 87% of land.
   Natives Urban Areas Act (1923): segregated urban residential space and created "influx controls" to reduce access to cities by Blacks.

copy

Name: _____ Note: _____

1. **Ordnen** Sie die Materialien M1 und M2 in ihren historischen Kontext **ein**. (AFB I/II)
2. **Erläutern** Sie die Motive für den Imperialismus, die anhand von M1 und M2 deutlich werden. (ABF II)
3. „Jahrzehntelang weigerte sich die Direktion des Ethnologischen Museums Berlin, die Inventare ihrer Schätze zu veröffentlichen" (FAZ, 20. 9.2021, S. 15). **Begründen** Sie dies. (AFB II)
4. Wählen Sie a) **oder** b)!
   a) **Bewerten** Sie Deutschlands Umgang mit seinem kolonialen Erbe. Nehmen Sie in Ihrer Argumentation Bezug auf ausgewählte Beispiele. (AFB III)
   b) Die Materialien M3a und M3b zeigen Fotos von der Fassade der Touristinformation in Weißenberg, in deren Räumlichkeiten sich früher eine Apotheke befand. **Nehmen** Sie **kritisch Stellung** zu der Gestaltung dieser Fassade.

Viel Erfolg! 🍀

M1 Carl Peters[1]: Gründungsmanifest der Gesellschaft für Deutsche Kolonisation (28.3.1884)

1 Die deutsche Nation ist bei der Verteilung der Erde, wie sie vom Ausgang des 15. Jahrhunderts bis auf unsere Tage hin stattgefunden hat, leer ausgegangen. Alle übrigen Kulturvölker Europas besitzen auch außerhalb unseres Erdteils Stätten, wo ihre Sprache und Art feste Wurzel fassen und sich entfalten kann. Der deutsche Auswanderer, sobald er die Grenzen des Reiches hinter sich gelassen hat, ist ein Fremdling auf ausländischem Grund und Boden. Das Deutsche Reich, groß und stark durch
5 die mit Blut errungene Einheit, steht da als die führende Macht auf dem Kontinent von Europa: seine Söhne in der Fremde müssen sich überall Nationen einfügen, welche der unsrigen entweder gleichgültig oder geradezu feindlich gegenüberstehen. Der große Strom deutscher Auswanderung taucht seit Jahrhunderten in fremde Rassen ein, um in ihnen zu verschwinden. Das Deutschtum außerhalb Europas verfällt fortdauernd nationalem Untergang.

In dieser, für den Nationalstolz so schmerzlichen Tatsache liegt ein ungeheurer wirtschaftlicher Nachteil für unser Volk!
10 Alljährlich geht die Kraft von etwa 200 000 Deutschen unserem Vaterland verloren! Diese Kraftmasse strömt meistens unmittelbar in das Lager unserer wirtschaftlichen Konkurrenten ab und vermehrt die Stärke unserer Gegner. Der deutsche Import von Produkten tropischer Zonen geht von ausländischen Niederlassungen aus, wodurch jährlich viele Millionen deutschen Kapitals an fremde Nationen verlorengehen! Der deutsche Export ist abhängig von der Willkür fremdländischer Zollpolitik. Ein unter allen Umständen sicherer Absatzmarkt fehlt unserer Industrie, weil eigene Kolonien unserem Volke fehlen. [...]

Zitiert nach: Mommsen, Wolfgang J., Imperialismus. Seine geistigen, politischen und wirtschaftlichen Grundlagen. Ein Quellen- und Arbeitsbuch. Hamburg 1977, S. 124 f.

[1] **Carl Peters** (1856–1918) war einer der bekanntesten Verfechter der Kolonialpolitik im Deutschen Reich. Er war maßgeblich am Aufbau der Kolonie Deutsch-Ostafrika beteiligt. Im Vorfeld gründete Peters im März 1884 die *Gesellschaft für Deutsche Kolonisation*. Der Textauszug entstammt dem Gründungsmanifest.

M2 Paul Rohrbach[1]: Das deutsche Kolonialwesen (1911)

1 Hier stoßen wir auch auf den inneren Grund, weswegen der Neger im großen und ganzen so schwer zur Vermehrung seiner Leistungen zu bewegen ist: seine Bedürfnisse sind nicht nur gering, sondern ihm fehlt auch der Trieb, sie zu vermehren, d. h. sich zu kultivieren. Der Neger ist nach keiner Richtung hin ein Qualitäts-, sondern ganz und gar ein Quantitätsmensch, und dementsprechend bewegen sich seine Bedürfnisse auf dem Gebiet der niederen Sinnlichkeit. Er ist befriedigt, wenn er

5 reichlich zu essen und zu trinken hat und wenn ihm Weiber nach Wunsch zu Gebote stehen. Die Güter, die wir ihm als Entgelt für erhöhte Arbeit anzubieten imstande sind, locken ihn entweder zu wenig, oder wir dürfen ihn nicht in ihren Besitz setzen, um ihn nicht selbst zu ruinieren oder ihn zu einer Gefahr für uns zu machen. Alkohol z. B. und moderne Feuerwaffen sind Dinge, nach denen jeder Eingeborene mehr als nach allem andern begehrt und für die er auch willig wäre, zu arbeiten, aber es versteht sich von selbst, dass ihm das eine so sparsam wie möglich, das andere überhaupt nicht zugeführt wer

10 den darf. Mag er nun aber viel oder wenig arbeiten, das Entscheidende, worauf es einzig ankommt, ist, dass er nicht mehr arbeiten will, als bis er das hat, was er braucht. [...]

Auch der größte Negerfreund kann nicht behaupten, dass die schwarze Rasse im ganzen genommen mit der Summe körperlicher Arbeitskraft, über die sie verfügt, im Verhältnis annähernd soviel Werte schaffte, wie die übrigen Völker, die durch ihre Lebensumstände und durch ihre innere Charakterveranlagung zu wirklicher Arbeit getrieben werden. Dabei ist es

15 falsch, nur an die weiße Rasse im Gegensatz zur afrikanischen zu denken: die Chinesen, die Japaner, die javanischen Malayen und noch manche andere Völker sind mindestens ebenso fleißig und stehen unter einem ebenso harten natürlichen Arbeitszwang, wie die Weißen. Es ist daher nicht einzusehen, woher die Schwarzen ein Privileg auf weniger Arbeit und mehr Nichtstun haben sollen, als alle übrigen Völker der Welt. [...]

Aus diesem Grunde ist es auch ein prinzipieller Fehler, die Frage der Rassenverschiedenheit damit erledigen zu wollen,

20 dass man sagt, die Neger seien nur noch nicht soweit entwickelt wie wir; wenn man ihnen Zeit und Gelegenheit dazu gäbe, so würden sie alles nachholen. Wer so denkt, vergisst, dass diejenige Periode in der Entwicklung des Menschengeschlechts, die wir historisch übersehen und zu Vergleichen benutzen können, eine verschwindend kurze gegenüber denjenigen Zeiträumen ist, die vergangen sind, seitdem sich die Rassenunterschiede herausgebildet und befestigt haben. Die menschlichen Rassen, die heute vor uns stehen, sind, von unserem Standpunkt aus gesprochen, Endprodukte von Entwicklungsreihen, die

25 nicht Jahrtausende, sondern Hunderttausende von Jahren beansprucht haben. [...]

Rohrbach, Paul: Das deutsche Kolonialwesen. Leipzig 1911, S. 34 f., 37, 40

[1] **Paul Rohrbach** (1869–1956) arbeitete von 1903 bis 1906 als Kolonialbeamter in Deutsch-Südwestafrika. Rohrbach veröffentlichte zahlreiche Bücher und Zeitschriften zu theologischen und politischen Fragen, unter anderem sein damals bekanntes Buch *Das deutsche Kolonialwesen* aus dem Jahr 1911, aus dem folgende Auszüge entnommen sind.

M3 Touristinformation Weißenberg

(Aufnahmen: Michael Wolff)

copy

1. **Ordnen** Sie die Materialien M1 und M2 in ihren historischen Kontext **ein**. (AFB I/II)
   - beide Materialien lassen sich in der Zeit des Hochimperialismus verorten; M1 zu Beginn des Erwerbs deutscher Kolonien (Bismarck hatte sich lange gegen Kolonien gesträubt), M2 nachdem das Deutsche Reich schon über zwei Jahrzehnte lang Erfahrungen mit seinem kolonialen Bestand hatte
2. **Erläutern** Sie die Motive für den Imperialismus, die anhand von M1 und M2 deutlich werden. (ABF II)

   M1
   - Gerechtigkeit gegenüber anderen Kulturvölkern Europas (Z. 1–3)
   - Ideologische Motive: Lebens- und Entfaltungsraum für dt. Auswanderer (Z. 3 ff.)
   - wirtschaftliche Motive: durch Importe tropischer Produkte wird die Wirtschaft anderer gestärkt, eigenes Kapital geht verloren (Z. 10 f.); Wunsch nach sicherem Absatzmarkt durch eigene Kolonien (Z. 14 f.)
   - Prestige: Dt. Reich = führende Macht in Europa, aber keine Kolonien (Z. 4 f.) → passt nicht

   M2
   - Rassismus (z.B. Z. 17–21)

3. *„Jahrzehntelang weigerte sich die Direktion des Ethnologischen Museums Berlin, die Inventare ihrer Schätze zu veröffentlichen."* (FAZ, 20. 9.2021, S. 15) **Begründen** Sie dies. (AFB II)
   - Museen wollen Rückgaben oder Entschädigungszahlungen vermeiden
   - z. T. wäre sonst der gesamte Bestand einzelner Abteilungen gefährdet

4. **Bewerten** Sie Deutschlands Umgang mit seinem kolonialen Erbe. Nehmen Sie in Ihrer Argumentation Bezug auf ausgewählte Beispiele. (AFB III)

   oder

   Die Materialien M3a und M3b zeigen Fotos von der Fassade der Touristinformation in Weißenberg, in deren Räumlichkeiten sich früher eine Apotheke befand. **Nehmen** Sie **kritisch Stellung** zu der Gestaltung dieser Fassade.

   Jeweils Individuelle Antwort; mögliche wünschenswerte Bezugnahmen:
   - Die Tatsache, dass bei der Nutzungsänderung eines Gebäudes der alte Schriftzug der „Mohrenapotheke" in restaurierter Form weiterhin an der Fassade zu sehen ist sowie das exotisierende Emblem können bei einem kritischen Betrachter eigentlich nur Irritation hervorrufen.
   - Von einem aufgeklärten Umgang mit unserem kolonialen Erbe sprechen derartige Gestaltungsentscheidungen nicht. Rassismuskritische Stimmen scheinen hier gefehlt zu haben oder bisher nicht ausreichend wahrgenommen worden zu sein.

copy

Eskimo: Früher glaubte man, dass das Wort Eskimo von einem indianischen Wort abstammt, das ‚Rohfleischesser' bedeutet. Diese Bezeichnung wurde manchmal als abwertend empfunden. Mittlerweile haben Wissenschaftler aber bewiesen, dass sich der Begriff von dem Wort ‚aayaskimeew' abgeleitet hat. In der Sprache der nordamerikanischen Cree-Indianer bedeutet das ‚Schneeschuhflechter'. Sich selbst bezeichnen die Ureinwohner häufig als ‚Mensch'. Da es verschiedene Eskimo-Stämme mit unterschiedlichen Sprachen gibt, kann das ‚Inuit', aber auch ‚Yupik', ‚Kalaallit' oder ‚Inupiat' heißen.

Neuneinhalb Lexikon, WDR, https://kinder.wdr.de/tv/neuneinhalb/neuneinhalb-lexikon/lexikon/e/lexikon-eskimos-100.html, abgerufen am 30.8.2023

Exotismus: eurozentrische Perspektive, die unter Einbeziehung eigener Wunschvorstellungen und Phantasien Menschen und Kulturen anderer [...] Länder auf den Aspekt des vermeintlich faszinierenden, geheimnisvollen Fremden reduziert

bereitgestellt durch das Digitale Wörterbuch der deutschen Sprache, https://www.dwds.de/wb/Exotismus, abgerufen am 30.8.2023

Mohr: [D]as Wort „Mohr" [geht] etymologisch sowohl auf das griechische „moros" zurück, das „töricht", aber auch „dumm" bedeutet. Aber auch auf das lateinische „maurus", das für „schwarz", „dunkel" und „afrikanisch" steht. Daraus wurde im Althochdeutschen „mor" und davon der „Mohr" abgeleitet. [...]

Im Laufe der Geschichte wurde das Wort für verschiedene Bevölkerungsgruppen benutzt. Negativ belegt war es aber schon von Anfang an. Es reduziert den Menschen auf seine Hautfarbe und Rassezuschreibungen. So ist das Wort „Mohr" ein Begriff für einen unterwürfigen afrikanischen Diener, der versklavt wurde.

https://www.diepresse.com/741984/wie-rassistisch-der-begriff-mohr-wirklich-ist, abgerufen am 6.9.2023

Neger: Das N-Wort stammt vom lateinischen Wort für „schwarz" (niger) ab und ist eine abwertende Bezeichnung für People of Colour.

[...] Historisch entstand die Bezeichnung [...] im Zusammenhang mit den Rassentheorien („Negride Rasse"). So wie die Einteilung der Menschheit in Rassen die Vormachtstellung der Europäer:innen gegenüber kolonisierten, ausgebeuteten oder versklavten Menschen anderer Kulturen und Hautfarbe rechtfertigte, so beinhaltete der Begriff N**** immer auch eine Vielzahl von rassistischen und eurozentristischen Stereotypen. Als N**** bezeichnete Menschen galten als triebhaft, kindlich, faul, kulturlos und als arme Opfer – im Gegensatz zu Europäer:innen, die als vernünftig, erwachsen, fleissig und kulturell hochstehend abgebildet wurden. [...]

Während im deutschsprachigen Raum das N-Wort sowohl rassistisch wie auch „neutral" verwendet wurde, wurden im englischen Sprachraum die Begriffe „Negro" als „neutrale" Bezeichnung und „Nigger" als rassistisches Schimpfwort gebraucht.

Die Entkolonialisierung afrikanischer Länder in den 1950er und 1960er Jahren, die schwarze Bürgerrechtsbewegung in den USA („Civil Rights Movements", 1955–1968) und die „Black Power"-Bewegung (Gründung der „Black Panther Party" 1966) waren Ausdruck des Schwarzen Widerstandes gegen die Weisse Vorherrschaft. Das N-Wort und „Negro" wurden in diesem Zusammenhang zunehmend als diskriminierend und beleidigend abgelehnt. [...]

2004 empfahl der „Duden" in einem Newsletter: „Die Bezeichnungen [...] sollten im öffentlichen Sprachgebrauch nicht mehr verwendet werden, da sie zunehmend als Diskriminierung empfunden werden." [...]

Selbstbestimmte Bezeichnungen sind „Schwarz" (in diesem Zusammenhang grossgeschrieben, da nicht als Farbbezeichnung oder Adjektiv verwendet) oder „People of Color" bzw. „Person of Color".

GRA Stiftung gegen Rassismus und Antisemitismus, 2015; https://www.gra.ch/bildung/glossar/neger/, abgerufen am 6.9.2023

Schutzgebiete: Die Deutschen nannten ihre Kolonien "Schutzgebiete". Damit war gemeint, dass die deutsche Armee dort deutsche Kaufleute und ihre Schiffe beschützte. Damit wollte der Regierungsschef Bismarck den deutschen Kolonialismus auch beschönigen, denn das Wort Kolonie hatte schon damals einen schlechten Klang.

https://klexikon.zum.de/wiki/Deutsche_Kolonien, letzter Zugriff: 30.8.2023

Wilde: Wenn Afrikaner und Afrikanerinnen als „Wilde" bezeichnet werden, verfestigt sich der Irrglaube von der „Primitivität" und Unterlegenheit von Afrikanern und Afrikanerinnen im weißen Bewusstsein.

Arndt, Susan/Hornscheidt, Antje (Hg.) (2009): Afrika und die deutsche Sprache. Ein kritisches Nachschlagewerk. Münster, S. 26

copy

Aly, Götz: Das Prachtboot. Wie Deutsche die Kunstschätze der Südsee raubten. Frankfurt/M.2021

Arndt, Susan: Rassismus. Die 101 wichtigsten Fragen. München ³2020

Arndt, Susan/Hornscheidt, Antje (Hg.): Afrika und die deutsche Sprache. Ein kritisches Nachschlagewerk. Münster 2009.

Blanchard, Pascal (Hg.): Menschenzoos. Schaufenster der Unmenschlichkeit. Hamburg 2012.

Erbar, Ralph: Ein „Platz an der Sonne"? Die Verwaltungs- und Wirtschaftsgeschichte der deutschen Kolonie Togo 1884–1914. Stuttgart 1991.

Fereidooni, Karim/Hößl, Stefan E. (Hg.): Rassismuskritische Bildungsarbeit: Reflexion zu Theorie und Praxis. Frankfurt/M. 2021.

Fredrickson, George M.: Racism. A Short History. Princeton 2002.

Geiger, Wolfgang; Melber, Henning (Hg.): Kritik des deutschen Kolonialismus. Postkoloniale Sicht auf Erinnerung und Geschichtsvermittlung. Frankfurt/M. 2021.

Geulen, Christian: Geschichte des Rassismus. München ³2017.

Grill, Bartolomäus: Wir Herrenmenschen. Unser rassistisches Erbe: Eine Reise in die deutsche Kolonialgeschichte. München 2021.

Habermas, Rebekka: Skandal in Togo. Ein Kapitel deutscher Kolonialgeschichte. Frankfurt/M. 2016.

Hund, Wulf D.: Wie die Deutschen weiß wurden. Kleine (Heimat)Geschichte des Rassismus. Stuttgart/Weimar (2017).

Lichtenstaedter, Siegfried: Nilpferdpeitsche und Kultur. Eine Streitschrift aus dem Jahr 1897 über die Zivilisierung der Kolonien. Vorwort von Götz Aly, Berlin 2021 [Originalausgabe erschien unter dem Titel Kultur und Humanität. Völkerpsychologische und politische Untersuchungen von Dr. Mehemed Emin Efendi. Würzburg 1897.

Ludwig, Bastian: Kolonialismus und Imperialismus. Die Deutschen und die Herero. Schwalbach/Ts. 2015.

Oguntoye, Katharina: Schwarze Wurzeln: Afro-deutsche Familiengeschichten von 1884 bis 1950. Berlin 2020.

Savoy, Bénédicte: Afrikas Kampf um seine Kunst. Geschichte einer postkolonialen Niederlage. München 2021.

https://www.dhm.de/fileadmin/lemo/suche/search/index.php?q=Deutsche+Kolonien

Film-Tipp: I Am Not Your Negro (Oscar-nominierter Dokumentarfilm von Raoul Peck)